24 Juillet 1879

VENTE

DES

24, 25, 26, 29, 30 et 31 Juillet, 1er, 5, 6, 7, 8, 19,
20, 21, 22, 23, 28 et 29 Août 1879

À 2 HEURES DE RELEVÉE TRÈS-PRÉCISES

MODÈLES

DE BRONZES D'ART ET D'AMEUBLEMENT

Modèles en plâtre (non édités)

MOBILIER INDUSTRIEL & OUTILLAGE

LE TOUT PROVENANT

Des Ateliers de M. ROMAIN

Successeur de M. VICTOR PAILLARD

Me Ernest **GIRARD**, COMMISSAIRE-PRISEUR

Rue Saint-Georges, 5

PARIS — 1879

V^{ves} RENOU, MAULDE et COCK

IMPRIMEURS DE LA COMPAGNIE DES COMMISSAIRES-PRISEURS

Rue de Rivoli, 144

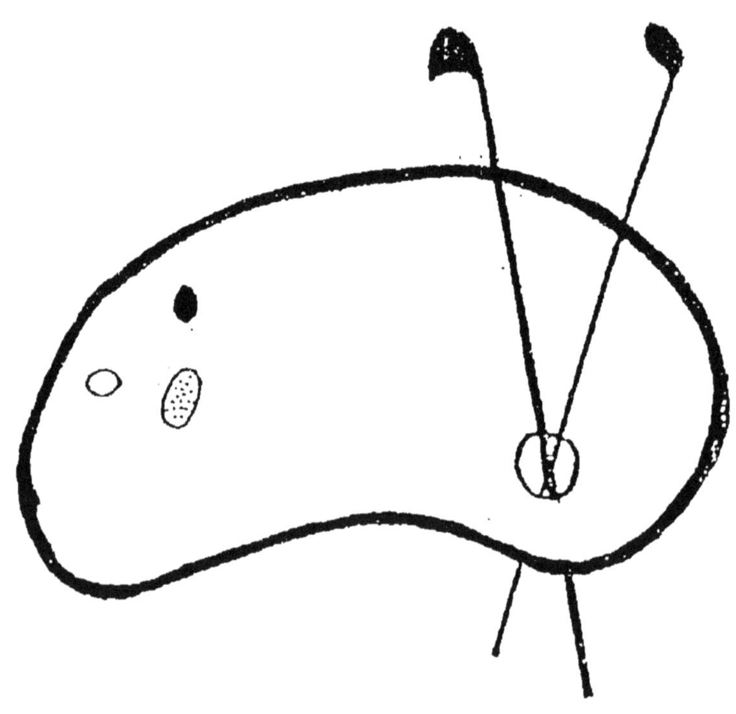

FIN D'UNE SERIE DE DOCUMENTS
EN COULEUR

VENTE AUX ENCHÈRES PUBLIQUES

EN VERTU D'UNE ORDONNANCE

DE

MODÈLES

DE BRONZES D'ART ET D'AMEUBLEMENT

Modèles en plâtre (non édités)

MOBILIER INDUSTRIEL & OUTILLAGE

LOTS DE CUIVRE, FONTE DE CUIVRE

LE TOUT PROVENANT

Des Ateliers de M. ROMAIN

BOULEVARD BEAUMARCHAIS, 105

Les 24, 25, 26, 29, 30, 31 Juillet, 1er, 5, 6, 7
8, 19, 20, 21, 22, 23, 28 et 29 Août 1879

A DEUX HEURES TRÈS-PRÉCISES DE RELEVÉE

Par le ministère de Me **Ernest GIRARD**, Commissaire-Priseur,
rue Saint-Georges, 5.

EXPOSITION PUBLIQUE

Les Mercredi 23 et Lundi 28 Juillet, les Lundi 11 et Lundi 18 Août 1879

PARIS — 1879

CONDITIONS DE LA VENTE

Elle sera faite expressément au comptant.

Les Acquéreurs paieront CINQ POUR CENT, en sus des enchères, applicables aux frais de la vente.

La vente étant judiciaire, et les Expositions mettant le Public à même de se rendre compte de l'état des Modèles, il ne sera admis aucune réclamation une fois l'adjudication prononcée.

ORDRE DES VACATIONS

Les Jeudi 24, Vendredi 25 et Samedi 26 Juillet

Groupes, Statuettes, Statues et Bustes.............. Nos 1 à 277

Les Mardi 29, Mercredi 30, Jeudi 31 Juillet et Vendredi 1er Août

Garnitures de cheminée, Pendules, Cartels, Candélabres, Flambeaux, Bouts-de-Table......................... Nos 278 à 525

Les Mardi 5, Mercredi 6, Jeudi 7 et Vendredi 8 Août

Coupes, Vases, Jardinières, Corbeilles, Surtouts, Montures pour vases, Meubles, Cheminées, Fontaines, Glaces, Modèles chinois, petits Bronzes........... Nos 616 à 805

Le Mardi 12 Août

Les Chenets.. Nos 526 à 579

Les Mardi 19, Mercredi 20, Jeudi 21, Vendredi 22 et Samedi 23 Août

Lampes, Lustres, Suspensions, Bras-Appliques, Lanternes, Torchères, Modèles en plâtre.............. Nos 580 à 615, 806 à 1026

Les Jeudi 28 et Vendredi 29 Août

Le Mobilier industriel et l'Outillage.

TABLE DES MATIÈRES

DÉSIGNATION

GROUPES

1 —	Enlèvement des Sabines. H. 1m12	Jean de Bologne.
2 —	Id. *Réduction du précédent*). H. 0m 89	Id.
3 —	Enlèvement de Déjanire, (*Pendant*). H. 0m89	Id.
4 —	Bas socle pour les groupes ci-dessus (*Propriété*) H. 0m 13...	
5 —	Enfants lutteurs. H. 0m 45	Falconet.
6 —	Id. (*Réduction*). H. 0m 32.	Id.
7 —	Amour désarmé. H. 0m 66	Id.
8 —	Louis XIV, figure équestre. H. 1m 08	Girardon.
9 —	Louis XIV, figure équestre. (*Réduction*). H. 0m 64	Id.
10 —	Centaure dompté par l'Amour. H. 1m 10	
11 —	Faune et deux Enfants. H. 0m47	Clodion.
12 —	Id. (*Réduction*). H. 0m29.	Id.
13 —	Faunesse et deux Enfants. H. 0m 47	Id.
14 —	Faunesse à la coupe et deux Enfants. H. 0m 37	Id.

15	— Faune à la coupe et deux Enfants H. $0^{m}32$.	Clodion.
16	— Faunesse au raisin et deux Enfants. H. 0^{m} 32.	Id.
17	— Faunesse au raisin et deux Enfants. H. 0^{m} 28.	Id.
18	— Bacchante et Enfant. H. 0^{m} 41. .	Id.
19	— Enlèvement de Proserpine par Pluton. H. 0^{m} 47.	Boizot.
20	— Enlèvement d'Orythie par Boré. H. 0^{m} 47.	Id.
21	— Trois Enfants (l'Automne) H. 0^{m}22	Delarue.
22	— Trois Enfants (l'Hiver). H. 0^{m}22.	Id.
23	— Trois Enfants (le Printemps). H. 0^{m}22.	Id.
24	— Trois Enfants (l'Été). H. 0^{m} 22. .	Id.
25	— Deux Enfants pressant du raisin. H. 0^{m} 21.	Id.
26	— Trois Enfants vendangeurs à la cuve. H. 0^{m} 28.	Id.
27	— Trois Enfants vendangeurs au tonneau. H. 0^{m} 32.	Id.
28	— Trois Enfants à la panthère. H. 0^{m} 31.	
29	— Lion au serpent. H. 0^{m} 15.	
38	— Bélisaire. H. 0^{m} 26.	
31	— Cheval de Marly. H. 0^{m} 61.	
32	— Id. Contre-partie. H. 0^{m} 61.	
33	— Laocoon	
34	— Chien à l'écuelle.	
35	— Leçon de lecture.	
36	— Sainte Cécile avec enfant.	
37	— Mort de Jean-Sans-Terre.	

38 —	Les trois Grâces, avec socle triangulaire.......	Germain Pillon.
39 —	Id. (*Première réduction*), avec socle........	Id.
40 —	Id. (*Deuxième réduction*), avec socle........	Id.
41 —	Id. (*Troisième réduction*).	Id.
42 —	Id. (*Quatrième réduction*).	Id.
43 —	Vierge à l'enfant, d'après Albert Durer....................	Salmson.
44 —	Grand Groupe (la Danse).....	Lebroc.
45 —	Amour vainqueur. H. 0m 85...	Id.
46 —	Vénus à la coquille avec enfant. H. 0m 38..................	Id.
47 —	Id. (*Réduction*). H. 0m 27.	Id.
48 —	Enfant messager, partie et contre-partie. H. 0m 58......	Id.
49 —	Id. (*Première réduction*). H. 0m 42.........	Id.
50 —	Id. (*Seconde réduction*). H. 0m 27........	Id.
51 —	La Danse, tambour de basque et Enfant pipeau. H. 0m 75..	Mage.
52 —	La Danse contre-partie, triangle et Enfant cimbalier. H. 0m 75.	Id.
53 —	La Fidélité, figure couchée avec levrette. H. 0m 37...........	Carrier-Belleuse.
54 —	Daphnis et Chloé. H. 0m 53....	Feuchère.
55 —	Vierge au chardonneret avec enfant. H. 0m 44....	Id.
56 —	Id. (*Réduction*)..........	Id.
57 —	L'Eloquence avec Enfant. H. 0m 85...................	Sauvageot.
58 —	La Charité. H. 0m 33...........	Carpeaux.

59 — Trois Grâces, H. 0m 41....... Sauvageau
60 — Id. (*Réduction*). H. 0m 31. Id.
61 — Chimère avec enfant (partie et contre-partie). H. 0m 15.....
62 — Cigogne sur tortue...........
63 — Héron sur tortue. H. 0m 15....
64 — Éducation religieuse.......... Rivière.
65 — Id. (*Réduction*)......... Id.
66 — Faune au chevreau. H. 0m 25... Sauvageau.
67 — Flore avec enfant............. Mathurin Moreau.
68 — Groupe : Triton et Enfant sur dauphin.................. Id.
69 — Groupe : Néréide et Enfant sur dauphin (*Pendant*)......... Id.
70 — Groupe : les Enfants, la Pêche.
71 — Id. (*Première réduction*).
72 — Id. (*Seconde réduction*).

STATUETTES

73 — Vénus de Milo. H. 0m 66......
74 — Id. (*Première réduction*). H. 0m 54..........
75 — Id. (*Seconde réduction*). H. 0m 28.........
76 — Id. (*Troisième réduction*). H. 0m 10..........
77 — Diane de Gabies. H. 0m 85.....
78 — Id. (*Première réduction*). H. 0m 68..........

79 — Diane de Gabies (*Seconde réduction*). H. $0^{m}45$..............

80 — Id. (*Troisième réduction*). H. $0^{m}30$..........

81 — Id. (*Quatrième réduction*), cachet. H. $0^{m}10$....

82 — Polymnie. H. $0^{m}35$...........

83 — Vénus de Médicis. H. $0^{m}54$.....

84 — Euterpe. H. $0^{m}42$............

85 — Cérès debout. H. $0^{m}50$........

86 — Id. (*Réduction*). H. $0^{m}36$..

87 — Cérès assise. H. $0^{m}51$.........

88 — Id. (*Réduction*). H. $0^{m}37$..

89 — Joueuse d'osselets. H. $0^{m}25$....

90 — Id. (*Réduction*). H. $0^{m}17$.

91 — Méléagre. H. $0^{m}38$...........

92 — Bacchus. H. $0^{m}39$............

93 — Cincinnatus. H. $0^{m}63$..........

94 — Therme-Dieu Pan. H. $0^{m}95$....

95 — Moïse. H. $0^{m}54$.............. Michel-Ange.

96 — Id. (*Réduction*). H. $0^{m}35$... Id.

97 — Le Penseur. H. $0^{m}52$......... Id.

98 — Id. (*Première réduction*). H. $0^{m}35$......... Id.

99 — Id. (*Seconde réduction*). H. $0^{m}22$.......... Id.

100 — Julien de Médicis. H. $0^{m}52$.... Id.

101 — Id. (*Première réduction*). H. $0^{m}35$.......... Id.

102 — Id. (*Seconde réduction*). H. $0^{m}22$ .... Id.

103 — Mercure debout. H. $0^{m}70$...... Jean de Bologne.

104 — L'Abondance. H. $0^{m}80$........ Barthélemy Prieur

105 — Id. (*Réduction*). H. $0^{m}52$. Id.

106 — Henri IV enfant. H. $0^{m}55$..... Baron Bosio.
107 — Id. (*Réduction*). H. $0^{m}37$. Id.
108 — Mercure attachant ses talonnières. H. $0^{m}56$ .... Pigalle.
109 — Bacchante à la grappe. H. $0^{m}53$ Marin.
110 — Id. (*Réduction*). H. $0^{m}37$. Id.
111 — Petit Faune courant. H. $0^{m}30$.. Clodion.
112 — Petite Faunesse courante. H. $0^{m}30$ Id.
113 — Bacchante endormie.......... Id.
114 — Marie de Médicis. H. $0^{m}47$.....
116 — Vénus au bain. H. $0^{m}84$....... D'Allegrain.
117 — Id. (*Première réduction*). H. $0^{m}51$.......... Id.
118 — Id. (*Seconde réduction*). H. $0^{m}28$.......... Id.
119 — Baigneuse. H. $0^{m}81$.......... Falconet.
120 — Id. (*Première réduction*). H. $0^{m}51$.......... Id.
121 — Id. (*Seconde reduction*). H. $0^{m}28$.......... Id.
122 — Id. (*Troisième réduction*). H. $0^{m}22$.......... Id.
123 — Voltaire. H. $0^{m}31$............ Houdon.
124 — Périclès. H. $0^{m}80$............ Debay père.
125 — Id. (*Réduction*). H. $0^{m}66$ Id.
126 — Rubens. H. $0^{m}60$.............
127 — Van Dyck. H. $0^{m}60$..........
128 — De l'Hospital. H. $0^{m}54$........
129 — D'Aguesseau. H. $0^{m}54$........
130 — Pierre Corneille. H. $0^{m}43$.....
131 — Bossuet. H. $0^{m}45$.............
132 — La Saône (de la Fontaine Louvois). H. $0^{m}85$............. Klagmann.
133 — L'Amazone. H. $0^{m}90$......... Id.

134 — Vénus. H. 0m 35.............	Boizot.
135 — Amour. H. 0m 35............	Id.
136 — Lorley. H. 0m 50............	
137 — Baigneuse florentine. H. 0m 37.	
138 — Vénus à l'urne. H. 0m 22......	
139 — Vénus à l'oiseau, dauphin à ses pieds. H. 0m 52............	
140 — Architecture florentine. H. 0m 37	
141 — Antinoüs. H. 0m 60...........	
142 — Apollon tenant une lyre. H. 0m 43	
142 *bis* Nymphe à la coquille. H. 0m 17	
143 — Petit Enfant au raisin. H. 0m 13	
144 — Petite Fille au nid (contre-partie). H. 0m 13...........	
145 — Petit Faune courant tenant du raisin. H. 0m 15...........	
146 — Molière. H. 0m 75...........	H. Brian.
147 — Id. (*Première réduction*). H. 0m 44...........	Id.
148 — Id. (*Seconde (réduction*). H. 0m 32..........	Id. Id.
149 — L'Innocence. H. 0m 65........	Boitel.
150 — L'Histoire. H. 0m 35..........	Choiselat.
151 — Id. (*Réduction.*) H. 0m 25.	Id.
152 — Méditation. H. 0m 43.........	Sauvageau.
152 *bis* — Id. (*Réduction*). H. 0m 32..	Id.
153 — Ligueur. H. 0m 56...........	Levëel.
153 *bis* — Huguenot. H. 0m 56........	Id.
154 — Fileuse. H. 0m 65.............	M. Moreau.
155 — Id. (*Première réduction*). H. 0m 44...........	Id.
156 — Id. (*Seconde réduction*). H. 0m 33...........	Id.
157 — Buveuse à la coquille. H. 0m 33.	Id.

158 — Orphée. H. 0m 70............	M. Moreau
159 — Id. (*Réduction*). H. 0m 48.	Id.
160 — Corinne. H. 0m 58...........	Id.
161 — Clémence Isaure. H. 0m 77....	Salmson.
162 — Id. (*Réduction*). H. 0m 45.	Id.
163 — Pandore. H. 0m 35...........	Id.
164 — Méditation. H. 0m 87..........	Aizelin
165 — Id. (*Réduction*). H. 0m 53.	Id.
166 — Enfant portant un vase, partie et contre-partie. H. 0m 78....	Lebroc.
167 — Enfant portant un vase, partie et contre-partie. (*Première réduction*). H. 0m 64.........	Id.
168 — Enfant portant un vase, partie et contre-partie. (*Seconde réduction*). H. 0m 50..........	Id.
169 — Les Enfants saisons (le Printemps). H. 0m 30...	Id.
170 — Id. (l'Été.) H. 0m 30.....	Id.
171 — Id. (l'Automne). H. 0m 30	Id.
172 — Id. (l'Hiver). H. 0m 30..	Id.
173 — Aspasie. H. 0m 16............	Mage.
174 — Clio. H. 0m 54	Id.
175 — Ondine. H. 0m 87...........	Carrier-Belleuze.
176 — Diane chasseresse. H. 0m 65...	Id.
177 — Le Jongleur. H. 0m 55........	Fort.
178 — La Jongleuse. H. 0m 55.......	Id.
179 — Improvisateur italien. H. 0m 47.	L. Brian.
180 — Idylle. H. 0m 34.............	Moreau
181 — Ange gardien, mains jointes. H. 0m 45..	Sauvageau.
182 — Ange en prière tenant un livre. H. 0m 15.................	Liénard.

182 *bis* — Enfant flûte et tambourin. H. 0m 22..................

183 — Enfant assis tenant une sphère. H. 0m 17........ ....

184 — Enfant donnant la becquée. H. 0m 24..................

185 — Enfant assis en prière. H. 0m 18.

186 — Éducation maternelle. H. 0m 21.

187 — Petit Garçon au chien. H. 0m 28.

188 — Petite Fille au chat. H. 0m 28..

189 — Vénus aux colombes. H. 0m 25.

190 — Napoléon Ier, debout. H. 0m 25.

191 — Id. (*Réduction*). H. 0m 15.

192 — Petite Statuette (l'Hiver). H. 0m 13..........

193 — Id. (l'Astronomie). H. 0m 16.

194 — Petit Enfant assis au tambourin H. 0m 10...............

195 — Enfant tenant une lyre. H. 0m 94.

196 — L'Amour captif. H. 0m 96......

197 — Vénus à l'urne. H. 0m 22......

198 — Deux petits Enfants, l'un au lapin, l'autre au raisin. H. 0m 13 ....

199 — Ulysse bandant l'arc. H. 0m 89.

200 — Enfant porteur. H. 0m 25.....

201 — Enfant le silence. H. 0m 13....

202 — Deux Statuettes (partie et contre-partie) : Vénus et l'Amour. H. 0m 12..................

203 — Le Printemps, figure debout. H. 0m 13...................

204 — L'Hiver, figure debout. H. 0m 13.

205 — Sainte Geneviève, figure assise.

206 — Bacchante au tambourin. H. 0^m 18..................
207 — Vénus à la coquille. H. 0^m 18..
208 — Obélisque de Boulogne. H. 0^m 34.
209 — Méditation, figure debout. H. 0^m 36..................
210 — Petit Faune assis. H. 0^m 20....
211 — Oiseau de proie sur un nid. H. 0^m 21..................
212 — Enfant assis tenant une couronne. H. 0^m 15...........
213 — Enfant assis sur une borne, un bras levé. H. 0^m 25.........
214 — Sainte Geneviève fileuse. H. 0^m 11
215 — Femme assise (partie et contrepartie). H. 0^m 08...........
216 — Femme tenant un vase. H. 0^m 13..................
217 — Jupiter, figure debout, tenant un oiseau et une figurine. H. 0^m 22..................
218 — Deux Enfants accouplés. H. 0^m 17
219 — La Poésie. H. 0^m 62........... Halou.
220 — Schiller, figure assise......... Rivière.
221 — Uranie...................... Feuchère.
222 — Mangueur de bouillie, et Mangeuse de bouillie...........
223 — Sainte Cécile................
224 — Enfance du Dieu Pan, avec le pendant. H. 0^m 13..........
225 — Faune. H. 0^m 13..............
226 — Atlas. H. 0^m 13...............
227 — Apollon et Vénus. H. 0^m 16....
228 — Victoire, figure ailée. H. 0^m 28.

BUSTES

229 — Antinoüs.
230 — Id. (*Première réduction*).
231 — Id. (*Seconde réduction*).
232 — Id. (*Troisième réduction*).
233 — Id. (*Quatrième réduction*).
234 — Ariane.
235 — Id. (*Première réduction*).
236 — Id. (*Seconde réduction*).
237 — Id. (*Troisième réduction*).
238 — Id. (*Quatrième réduction*).
239 — Ménélas.
240 — Id. (*Première réduction*).
241 — Id. (*Seconde réduction*).
241 *bis* — Apollon de Belvédère.
242 — Ajax
243 — Id. (*Réduction*).
244 — Lucius Vérus.
245 — Id. (*Première réduction*).
246 — Id. (*Seconde réduction*).
247 — Minerve.
248 — Vénus d'Allegrain.
249 — Id. (*Réduction*).
250 — Diane de Poitiers.
251 — Id. (*Première réduction*).

252 — Diane de Poitiers (*Seconde réduction*).

253 — Voltaire.

254 — Rousseau.

255 — Enfant François.

256 — Enfant François (contre-partie).

257 — Jean qui pleure et Jean qui rit.

258 — Henri IV.

259 — Printemps, oiseau sur l'épaule.

260 — Jeune Fille (le Printemps).

261 — Bacchante (Clodion).

262 — Hébé (Canova).

263 — Id. (*Réduction*). Canova.

264 — Femme, pour crédence.

265 — Souvenir de jeunesse.

266 — Id. (*Réduction*).

267 — Legouvé.

268 — Lamartine (L. Briant).

269 — Sainte Geneviève (Salmson).

270 — Tête d'enfant : l'Automne. (Lebroc).

271 — Tête d'enfant : l'Hiver. (Lebroc).

272 — Tête d'enfant : le Printemps. (Lebroc),

273 — Tête d'enfant : l'Été. (Lebroc).

274 — Faune. (Lebroc).

275 — Bacchante. (Lebroc).

276 — Buste de femme, Astronomie (Carrier-Belleuze).

277 — Id. Harmonie (Carrier-Belleuze).

GARNITURES DE CHEMINEE

278 — Garniture grecque : Pendule leçon maternelle bas-relief dans le socle, Candélabres (Enfant debout), 9 bougies (Mathurin Moreau).

279 — Garniture grecpue : Pendule-Buste (Jupiter Trophonins(, Candélabres assortis, trois bougies.

280 — Garniture grecque : Pendule (Têtes nattées), Candélabres à trois têtes nattées assortis (Piat).

281 — Garniture Renaissance : Pendule, guirlande, corbeille, bouquet pour marbrerie ; Candélabres, boule gravée, 5 bougies.

282 — Garniture Renaissance : Pendule à deux consoles (Têtes de femmes et Mascarons), Candélabres à deux consoles (Têtes d'enfant), 8 bougies.

283 — Garniture Renaissance : Pendule (Éole et Borré), Candélabres à deux enfants et vase, 6 bougies (Piat).

284 — Garniture Renaissance : Pendule (Diane de Poitiers), Candélabres (Trois enfants), 6 bougies (Carrier-Belleuse).

285 — Garniture Renaissance : Pendule à quatre faces, pied à sphinx, Candélabres à trois consoles (Têtes de femme), 9 bougies (Piat). En plus modèles pour disposer une lampe assortie.

286 — Garniture Renaissance : Pendule (Génie des Arts et des Sciences), Candélabres groupe (Trois enfants), bouquet à 13 bougies (Mathurin Moreau).

287 — Id. (*Première réduction*).

288 — Id. (*Seconde réduction*).

289 — Garniture Renaissance : Pendule à trois Enfants (Carrier-Belleuse), Socle à vases, écusson et guirlande, Candélabre, dit François Ier, à 10 bougies.

290 — Garniture Renaissance : Pendule à deux chimères bas-relief sous le cadran, Bout-de-Table assortis, 2 lumières (Piat).

Modification pour changer le bout-de-table en candélabre, 4 bougies.

291 — Garniture Renaissance : Pendule à glaces à figure (l'Astronomie et l'Harmonie), enfant (le Temps au sommet), Candélabre, vase à têtes d'enfant, pieds à lions héraldiques, 10 bougies (Carrier-Belleuse).

292 — Garniture Renaissance : Pendule, groupe (Cerf aux abois), bas-relief dans le socle, Candélabres assortis à 7 bougies.

293 — Garniture Louis XIV : Pendule à consoles enfant (le Temps au sommet), Candélabres enfants (Semeur et Faucheur), 3 bougies.

294 — Garniture Louis XIV : Socle Louis XIV, marbre et bronze, Candélabre-Vase à consoles, (Têtes d'enfant), bouquet, 8 bougies.

295 — Garniture Louis XIV : Pendule dite Soleil, Candélabre à 4 bougies, pied carré.

296 — Garniture Louis XIV : Pendule (les Enfants se riant du Temps), Candélabres (Enfant debout), 10 bougies (Piat).

297 — Garniture Louis XIV : (*Réduction de la précédente*).

298 — Garniture Louis XIV : Pendule (Enfant battant la mesure), Candélabres à trois consoles, à 4 bougies.

299 — Garniture Louis XIV : Pendule à cariatides avec bas socle (Bérain), Candélabres à trois consoles, 4 bougies.

300 — Garniture Louis XIV : Pendule (Enfant pirouette), consoles et têtes de lion, Candélabre (Enfant pirouette), bouquet, 4 bougies.

301 — Garniture Louis XIV : Pendule à consoles (Têtes d'enfant), palmes et vases, Candélabres à consoles (Têtes d'enfant), 6 bougies.

302 — Garniture Louis XIV : Pendule à deux chimères, Candélabres-Vases à lambrequin, 8 bougies (Coupré).

303 — Garniture Louis XIV : Grande Pendule, (Ornement), deux consoles (Têtes de femme), Candélabres à chimères, 6 bougies (Piat).

304 — Garniture Louis XIV : Pendule (Nègre et Négresse), Candélabre-Vase à pyramide, 6 bougies (Piat).

305 — Garniture rocaille : Pendule à deux enfants et écusson (Enfant au sommet), Candélabre (Vénus et l'Amour), à 6 bougies.

306 — Id. (*Réduction de la précédente*).

307 — Garniture Louis XV : Les Enfants aux oiseaux avec base supplémentaire. Candélabre (Enfants aux oiseaux, bouquet à 6 lumières.

308 — Garniture Louis XV (les Enfants printemps), Candélabre à enfant, 5 bougies.

309 — Id. (*Réduction de la précédente*), changement dans le candélabre.

310 — Garniture Louis XV (l'Enfant au nid), Candélabre tout ornement à 4 bougies.

311 — Garniture Louis XVI : Pendule, vase à enfant arabesque; Candélabre (Enfant debout), bouquet à 7 bougies (Robert).

312 — Garniture Louis XVI : Socle en marbre et bronze pour buste d'Allegrain, Candélabre-vase à têtes de bélier, bouquet à 9 bougies.

313 — Garniture Louis XVI : Pendule à deux Enfants et Vase, anses droites, têtes de bélier, Candélabre-Vase à têtes d'enfant, pyramides, 5 bougies (Piat).

314 — Garniture Louis XVI : Pendule à deux Enfants et à glaces, Candélabre à vase, (Têtes de satyres), 5 bougies (Robert).

315 — Garniture Louis XVI : Pendule (Enfant aux colombes, Candélabre-Vase Clodion, bouquet à 5 bougies.

316 — Id. (*Réduction de la précédente*).

317 — Garniture Louis XVI : Pendule à deux femmes cariatides et vase à guirlandes de laurier, Candélabres-Vases à têtes de bélier et médaillon, 13 bougies.

318 — Garniture Louis XVI : Pendule à deux Enfants sur nuage et médaillon, Candélabres assortis, 5 bougies (Piat).

319 — Garniture Louis XVI : Triomphe de Bacchus (2 socles), Candélabre (Bacchus et l'Amour), 4 bougies. En plus des pièces pour transformer en Louis XT.

320 — Garniture Louis XVI : Pendule, socle avec porcelaine, Candélabre avec porcelaine dans le pied, 4 bougies.

321 — Garniture Louis XVI : Pendule à consoles, guirlande de chêne, vase au sommet, plus un enfant, arabesque pour remplacer la console au besoin, Candélabres à consoles assortis (Bonnard)

322 — Garniture Louis XVI : Pendule (Vénus aux colombes), Candélabre-Vase à têtes et guirlandes, 6 bougies (Piat).

323 — Garniture Louis XVI (Psyché avec enfant), Candélabre, groupe deux Enfants, bouquet à 5 bougies (Mage).

324 — Garniture Louis XVI (les quatre Enfants Printemps), Candélabres à deux enfants, palmier, 10 bougies.

325 — Id. *Réduction de la garniture précédente.*

326 — Garniture Louis XVI : Pendules, (trois Enfants vendangeurs), vase au sommet et cadran tournant, Candélabres à trois griffes, vase à têtes de bélier et guirlandes, 3 bougies.

327 — Garniture Louis XVI : Pendule (Enfant au timbre), Candélabre-Vase Clodion, grand modèle, bouquet à 6 bougies.

328 — Garniture Louis XVI : Pendule à vase et deux cariatides, cadran tournant, Candélabres à gaîne et 8 bougies.

329 — Garniture Louis XVI : Pendule à quatre Enfants (Hayet), Candélabres, deux Enfants, 4 bougies.

330 — Garniture Louis XVI : Pendule : Enfant aux couronnes), (Lebroc), Candélabre-Vase à têtes de bélier, bouquet lis, 8 bougies.

331 — Garniture Louis XVI : Pendule à quatre consoles (Têtes de femme), Candélabres à trois consoles (Tête d'enfant, 8 bougies (Coupri).

332 — Garniture Louis XVI : Pendule, draperie et vase, Candélabres à draperie, 4 bougies (Piat).

333 — Garniture Louis XVI : Pendule à consoles et vase au sommet et Flambeaux, trois figures, gaîne, Bonnard).

334 — Garniture Louis XVI : Pendule à vase à deux figugures (l'Histoire et l'Astronomie), denx grandeurs. *Ancienne.* Grand socle Louis XV avec guirlande et bouquet pour la pendule ci-dessus, Candélabre à deux femmes accouplées tenant un vase, bouquet 7 bougies (deux socles). En plus plusieurs modèles du groupe de femme.

335 — Garniture Louis XVI : Socle à consoles et guirlandes, Candélabre-Vase à tête et guirlande, bouquet, 13 bougies.

336 — Garniture Louis XVI à vase et deux figures (Femme debout), bouquet de fleur au sommet (Serre et Roland), Candélabre à vase et consoles, 9 bougies.

337 — Garniture Louis XVI : Pendule à vase et deux enfants tenant une guirlande, Candélabre, pied à console, vase à médaillons, 8 bougies.

338 — Pendule mauresque et Bout-de-Table pour verre émaillé.

339 — Pendule mauresque à éléphant, disposée pour recevoir de l'émail.

340 — Grand Socle mauresque.

PENDULES

341 — Pendule Renaissance (Figurines couchées), socle pour porcelaine (Feuchère).

342 — Pendule : Inspiration du Tasse (Feuchère).

343 — Pendule Renaissance (Poésie publiant la célébrité du XVIe siècle).

344 — Pendule Renaissance : Architecture et Peinture (Mathurin Moreau).

345 — Pendule : Vierge au chardonneret (Feuchère).

346 — Id. (*Réduction de la précédente*).

347 — Piédestal Renaissance à chimère et oiseau, socle Renaissance dit piedestal.

348 — Id. (*Réduction de la précédente*).

349 — Pendule Renaissance (Jour et Nuit).

350 — Id. (*Réduction de la précédente*).

351 — Pendule (Virgile) sur terrasse carrée.

352 — Pendule (Enfant à l'écureuil).

353 — Pendule (Ange au clavecin).

354 — Pendule (Génie de la Poésie).

355 — Pendule (Paul et Virginie).

356 — Pendule (l'Heure du mystère).

357 — Pendule à glace figurine au sommet.

358 — Grande Pendule Louis XIII, non terminée.

359 — Pendule (Léonard de Vinci), socle avec Enfant (Feuchère).

360 — Id. *Réduction de la précédente.*

361 — Pendule (Été et Automne).

362 — Pendule (Petite Liseuse, figure assise), socle à bas-relief.

363 — Socle : Chimère et Oiseaux (Liénard).

364 — Pendule (Atlas supportant une boule).

365 — Petite Pendule (Astronomie à deux figures assises).

366 — Pendule (Petite Liseuse), socle à bas-relief (Sauvageot).

367 — Pendule Renaissance : Galilée (Feuchère).

368 — Id. *Réduction de la précédente.*

369 — Pendule à cariatides : deux Femmes aux angles avec Enfant (Feuchère).

370 — Id. *Réduction de la précédente.*

371 — Pendule Renaissance à deux Enfants, fronton avec écussons et armoiries (Klagemann).

372 — Pendule Renaissance (Génie des Arts), Enfant appuyé sur une colonne (Dylle).

373 — Pendule : Enfant à la mandoline, avec singe (Liénard).

374 — Pendule Renaissance : Architecture à quatre figures, Galilée, Copernic, Newton, Ptolémée (Cornudet).

375 — Pendule : Enfant, Bacchanales (Yon).

376 — Pendule : Françoise de Rimini (Feuchère).

377 — Id. *Réduction de la précédente.*

378 — Pendule (Diane et Apollon).

379 — Pendule Louis XV (Seine et Ville de Paris).

380 — Id. *Réduction de la précédente.*

381 — Pendule Louis XV à deux Enfants, fronton (Klagmann). *Avec la réduction incomplète.*

382 — Grande Pendule Louis XIV (Neptune et Amphitrite), à grand vase et cadran tournant (Mathurin Moreau).

383 — Pendule Louis XIV, dite au Buste Scabellon (Hayet).

384 — Id. *Réduction de la précédente.*

385 — Grande Pendule Louis XIV, avec girandole à 2 bougies.

386 — Pendule (Faunes au tonneau).

387 — Pendule : Buste Printemps, Oiseau sur l'épaule (Sauvageau).

388 — Pendule : Enfant avec couronne (Lebroc).

389 — Pendule Louis XVI à gaîne (deux Femmes debout et Enfant au sommet).

390 — Pendule Louis XVI : quatre Enfants, gaîne (*Modèle ancien*).

391 — Pendule Louis XVI à deux petites cariatides (Enfant et draperie sur la Sphère), cadran tournant.

392 — Pendule Louis XVI à deux Enfants, socle pour porcelaine.

393 — Pendule (Amour désarmé), socle à consoles (*Modèle ancien*).

394 — Pendule Louis XVI (Hymen ou Fidélité), socle pour porcelaine.

395 — Grande Pendule (Liseuse) ancienne (Rivière).

396 — Pendule, étude à deux figures : Femme et Enfant (Feuchère).

397 — Pendule à deux Enfants (l'Hymen).

398 — Pendule Louis XVI : l'Étude et la Philosophie (*Modèle ancien*).

399 — Pendule Louis XVI : Enfant debout (François) (*Modèle ancien*).

CARTELS

400 — Petit Cartel Louis XIII.

401 — Cartel Louis XIII à guirlandes de fruits.

402 — Cartel Louis XIII à deux enfants arabesques.

403 — Cartel Louis XIV (Masque de femme dans le bas).

404 — Grand Cartel Louis XV (Petit Enfant au sommet sur nuages).

405 — Petit Cartel Louis XV (Enfant à la flèche).

406 — Baromètre et Thermomètre Louis XV.

407 — Cartel Louis XVI, sujet de chasse.

408 — Grand Cartel Louis XVI, à deux vases et guirlande de chêne.

409 — Cartel à têtes nattées (*incomplet*).

410 — Grand Cartel Louis XIV, sur cul-de-lampe, à glaces et cariatides.

GRANDS CANDÉLABRES

POUR CONSOLES

411 — Candélabre Renaissance à trois Enfants arabesques, 13 bougies.

412 — Candélabre Louis XIV, trois consoles, 17 bougies.

413 — Candélabre Louis XIV, à deux Enfants (partie et contre-partie), 19 bougies (Robert).
Base et Vase Louis XVI pour les Enfants ci-dessus.

414 — Candélabre Louis XVI, trois consoles (Têtes de femme), 13 bougies.

415 — Candélabre Louis XVI (Femme et Enfant), 13 bougies (partie et contre-partie).

416 — Candélabre Louis XIV, pied à trois sphinx, vase à tête d'enfant, 10 bougies.

417 — Candélabre Louis XV : Enfant porteur (partie et contre-partie), 10 bougies.

418 — Candélabre Louis XIII, à 10 bougies.

419 — Candélabre Louis XVI : Femme debout (partie et contre-partie), 10 bougies.

420 — Candélabre Louis XVI (Groupe les trois Femmes, Saisons), 10 bougies.

421 — Grand Candélabre Louis XVI, à deux Femmes arabesques, 12 bougies.

422 — Candélabre Louis XVI, à vase et trois consoles. Modèle de Gouthierres.

423 — Candélabre à trois Enfants, gaîne avec bouquet.

424 — Id. *Réduction du précédent.*

425 — Grand Candélabre Louis XV, à groupe (deux Enfants).

426 — Sous ce numéro, qui pourra être divisé, des Groupes divers pour grands candélabres.

CANDÉLABRES

427 — Candélabre grec (Enfant debout), 6 bougies (Mathurin Moreau).

428 — Candélabre, vase étrusque au sommet, 6 bougies.

429 — Candélabre (Homme et Femme) petit bouquet, 7 bougies.

430 — Candélabre-Vase au lézard, dans trois consoles, bouquet, 12 bougies, grand modèle (Piat).

431 — Candélabre, mascarons dans le bas de la colonne, 5 bougies, et figurine au sommet.

432 — Candélabre (Enfant, Pipeaux et Cymbalier), 3 bougies, pied à trois griffes.

433 — Candélabre à lampes antiques, 5 bougies (Soyer).

434 — Candélabre grec (Atlas), pied à trois griffes, et bougies.

435 — Candélabre à quatre enfants (bas-relief), lampe antique, 5 bougies.

436 — Candélabre grec au hibou.

437 — Candélabre groupe, bas-relief, lampe antique.

438 — Candélabre grec, griffe antique, colonne cannelée.

439 — Candélabre grec à enroulement.

440 — Candélabre, vase et lézard, petit modèle.

441 — Candélabre grec (Végétal), 7 bougies.

442 — Candélabre grec à trois griffes et papillon au sommet (Blondel).

443 — Candélabre Renaissance (Enfant à la rose), partie et contre-partie).

444 — Candélabre Renaissance : Dauphin et Cassolette (Combetti).

445 — Candélabre Renaissance petit groupe, trois enfants (Combetti).

446 — Candélabre Rennaissance, boules gravées, 5 bougies.

447 — Candélabre Renaissance, trois enfants, avec cors de chasse, chimère et colonne torse (Combette).

448 — Candélabre Renaissance à petites cariatides, 4 bougies.

449 — Candélabre Renaissance à griffes et colonnette (Yon).

450 — Candélabre Renaissance, griffes et grue, 3 bougies.

451 — Candélabre Renaissance à niche : Enfant tenant un papier (Liénard).

452 — Candélabre à gaz, un globe.

453 — Candélabre Renaissance : Printemps et Automne (Sauvageau).

454 — Candélabre Louis XVI (Enfants cor de chasse).

455 — Candélabre Louis XVI (Homme et Femme, les Saisons).

456 — Id. (*Réduction du précédent*).

457 — Candélabre Louis XVI (Femme portant un vase), partie et contre-partie.

458 — Candélabre Louise XVI (trois Enfants jouant).

459 — Id. (*Réduction du précédent*).

460 — Candélabre Louis XVI (Femme de bout) et contre-partie, modèle ancien.

461 — Candélabre à trois griffes (Têtes de lions sur les griffes).

FLAMBEAUX

462 — Flambeau grec, dit de Pompéi.

463 — Id. (*Réduction du précédent*).

464 — Flambeau grec du Musée britannique.

465 — Flambeau grec à griffes et chaînettes.

466 — Flambeau grec à griffes et têtes d'oiseau.

467 — Flambeau grec à griffes et palmettes.

468 — Flambeau grec (Danseur et Danseuse).

469 — Flambeau, dit à serpent et souris.

470 — Flambeau, pied à griffe, colonne feuillage.

471 — Flambeau Renaissance, groupe (trois Grâces).

472 — Flambeau Renaissance, groupe (trois Enfants arabesques).

473 — Flambeau Renaissance à tête de loup.

474 — Flambleau Renaissance, à colonne et tête de lion.

475 — Flambeau flamand à boule gravée.

476 — Flambeau Louis XIII, pied gravé.

477 — Flambeau Louis XIII uni, à boule.

478 — Flambeau Louis XIII uni, à bassin plat.

479 — Flambeau Renaissance, dit Enfant palmier.

480 — Flambeau Renaissance (Enfant Raphaël).

481 — Flambeau Louis XIV balustre, à quatre médaillons.

482 — Grand Flambeau Louis XIV, à groupe d'homme et femme avec enfant.

483 — Flambeau Louis XIV, à trois masques. Deux modèles sous le même numéro.

484 — Flambeau Louis XIV, à trois têtes de femme.

485 — Flambeau Louis XV, à quatre écussons.

486 — Flambeau Louis XV, bas.

487 — Flambeau Louis XV, à trois consoles.

488 — Flambeau Louis XV, colonne torse.

489 — Flambeau Louis XV, colonne en volutes.

490 — Flambeau Louis XV, à papillons.

491 — Flambeau Louis XV.

492 — Flambeau Louis XVI, à deux enfants accouplés.

493 — Flambeau Louis XVI, à guirlande de laurier.

494 — Flambeau Louis XVI, pied à tors de lauriers.

495 — Petit Flambeau Louis XVI, cannelé.

496 — Flambeau Louis XVI, cannelé et à perles.

497 — Flambeau Louis XVI, pied à feuilles d'acanthe.

498 — Flambeau Louis XVI, à groupe de trois enfants surmonté d'un porteur.

499 — Flambeau (Enfant porteur).

500 — Flambeau (Offrande aux Dieux Thermes).

501 — Id. (*Reduction du précédent*).

502 — Flambeau Louis XVI (Homme et Femme portant une corbeille).

503 — Flambeaux Louis XVI (Enfants portant une lumière sur la tête).

504 — Flambeau Louis XVI, à lambrequin et têtes de lion.

505 — Flambeau Louis XVI (Hiver et Été).

BOUTS-DE-TABLE

506 — Bout-de-Table grec, vase à palmettes.

507 — Bout-de-Table grec (Homme assis).

508 — Bout-de-Table grec, vase à deux médaillons.

509 — Bout-de-Table grec, à large plateau gravé.

510 — Bout-de-Table grec, à tête de femme.

511 — Bout-de-Table, à groupe d'enfant, dit Jour et Nuit.

512 — Bout-de-Table Louis XIII, vase à tête d'ange.

513 — Bout-de-Table rocaille.

514 — Bout-de-Table Louis XV, à enfant souffleur.

515 — Bout-de-Table Louis XV.

516 — Bout-de-Table Louis XVI (Marie-Antoinette).

517 — Id. (*Réduction du précédent*).

518 — Bout-de-Table Louis XVI, deux enfants au cornet.

519 — Bout-de-Table Louis XVI (Enfant à la buire et aux cymbales).

520 — Bout-de-Table Louis XVI.

521 — Bout-de-Table Louis XVI (Mars et Minerve).

522 — Bout-de-Table, à vase allongé et têtes bas-relief.

523 — Bout-de-Table pour jeu, à enfants pipeaux.

524 — Bougeoir ~~dit liseron~~.

525 — Bougeoir dit volubilis.

CHENETS

526 — Chenet Renaissance, à tête chimérique.

527 — Chenet Renaissance, à tête chimérique.

528 — Chenet Renaissance, à rinceau et guirlande.

529 — Chenet Renaissance, à enfant ailé.

530 — Chenet Renaissance, à enfant assis.

531 — Chenet Renaissance, enfant dans un char.

532 — Chenet à rinceau, enroulement.

533 — Chenet grec, à chimère.

534 — Id. (*Réduction du précédent*).

535 — Chenet grec, avec médaillons et cornets.

536 — Chenet grec, avec médaillons (Enfants souffleurs).

537 — Chenet à boule gravée, base à coquille.

538 — Chenet à boule gravée.

539 — Id. (*Réduction du précédent*).

540 — Chenet à chimère et boule gravée.

541 — Chenet Louis XIII, à vase et deux enfants arabesque.

542 — Id. (*Première réduction du précédent*).

543 — Id. (*Deuxième réduction*).

544 — Petit Chenet Louis XIII, à feuilles de laurier.

545 — Chenet dit fleur de lis.

546 — Id. (*Réduction du précédent*).

547 — Chenet Louis XIII, à enfant cymbalier.

548 — Chenet Renaissance, à cariatides.

549 — Chenet à cariatides et tête de lion.

550 — Chenet à deux lions et un écusson.

551 — Chenet Louis XIV, à enfant arabesque.

552 — Id. (*Première réduction du précédent*).

553 — Id. (*Deuxième réduction*).

554 — Chenet Louis XIV (Bacchus et Ariane).

555 — Chenet Louis XIV (Lion s'appuyant sur un écusson), avec bases spéciales pour le faire en Louis XV.

556 — Chenet Louis XIV (Diane et Apollon).

557 — Chenet Louis XIV, à vase.

558 — Chenet Louis XIV, à cariatides.

559 — Chenet Louis XIV, à pyramide.

560 — Chenet Louis XV, à faune de Clodion.

561 — Id. (*Réduction du précédent*), *et pièces pour le faire en Louis XVI.*

562 — Chenet Louis XV (Flore et Zéphir).

563 — Chenet Louis XVI, à console, tête de femme.

564 — Chenet Louis XVI, à faune de Clodion.

565 — Chenet Louis XVI (Enfant frileux), à enroulement.

566 — Id. (*Réduction du précédent*).

567 — Chenet Louis XVI, à vase et pieds de biche.

568 — Chenet Louis XVI, à vase et guirlande.

569 — Chenet Louis XVI (Lion rugissant).

570 — Chenet Louis XVI, à vase.

571 — Chenet Louis XVI, à vase et tête de bélier.

572 — Chenet Louis XVI, à lion couché.

573 — Chenet Louis XVI (Enfant frileux).

574 — Chenet Louis XVI, à deux cariatides.

575 — Chenet mauresque.

576 — Un lot de Figures et Animaux pour chenets.

577 — Un lot de Pièces diverses pour chenets.

578 — Un lot comprenant des Plateaux et Croissants, Porte-Pelle et Pinces, et des Boutons pour pelle et pince (Ce numéro sera divisé).

579 — Un lot comprenant une série de Plâtres sculptés, pour intérieurs de cheminées (Ce numéro sera divisé).

LAMPES

580 — Lampe-vase (Socibius).

501 — Lampe grecque, vase à figures de danseurs.

582 — Lampe grecque, à médaillons.

583 — Lampe grecque, vase bas-relief (Centaure).

584 — Lampe-vase (Bacchanale).

585 — Id. (*Réduction*).

586 — Lampe grecque, vase de Pompéï.

587 — Lampe-vase, du musée de Naples.

589 — Lampe à boule gravée.

590 — Lampe à boule ciselée et tête d'ange.

591 — Lampe à tambour gravé.

592 — Lampe Renaissance, à ronde d'enfants.

593 — Lampe-vase (Lézard).

594 — Lampe Renaissance, dite François Ier.

595 — Lampe Louis XIII, à vase (Faune et Faunesse).

596 — Id. (*Première réduction*).

597 — Id. (*Deuxième réduction*).

598 — Lampe Renaissance, vase à jour et tête de lion sur pied à trois lions héraldiques.

599 — Lampe Renaissance, vase à mascaron et anses dauphin.

600 — Lampe Louis XIII, vase à godrons et palmes.

601 — Lampe Renaissance, vase à tête de lion et guirlande de fruits.

602 — Monture de lampe pour vase, forme bouteille.

603 — Lampe-vase, à godrons et tête de lion.

604 — Monture pour riche lampe Louis XIV, en porcelaine.

605 — Lampe Louis XV, avec faune et guirlande.

606 — Lampe Louis XVI, vase à anses feuille d'acanthe et guirlande.

607 — Lampe Louis XVI, deux enfants à l'écusson.

608 — Lampe Louis XVI (la Ronde des Willis).

609 — Lampe Louis XVI (les Jeux d'enfants).

610 — Monture pour lampe Louis XVI, en porcelaine avec écusson.

611 — Monture pour lampe Louis XVI, en porcelaine, anse à tête de femme.

612 — Lampe mauresque.

613 — Trépied grec, à chimère porte-lampe.

614 — Trépied à syrènes.

615 — Trépied Louis XIV, monture de bronze pour bois.

COUPES ET VASES

616 — Deux petits Gobelets Renaissance allemande.

617 — Vase Renaissance allemande, petite figure au sommet.

618 — Vase (les Saisons), cygogne au sommet (Hayet).

619 — Vase (Houblon), long col.

620 — Vase (Colin-Maillard).

621 — Vase grec (Ariane et Anacréon).

622 — Vase grec à bas-relief (les Saisons), partie et contre-partie.

623 — Vase à bas-relief (les Centaures).

624 — Vase (Flore et Cérès).

625 — Vase grec, à quatre médaillons, enfant au sommet.

626 — Vase (Liseron).

627 — Vase (Hirondelles).

628 — Vase (Borghèse).

629 — Vase, vigne-vierge, avec trépied.

630 — Vase grec (Brûle-parfums), à huit médaillons.

631 — Vase: Aurore et Crépuscule (Morel Ladeuil).

632 — Vase : les Enfants, Fleurs des Nuits (Morel Ladeuil).

633 — Vase Renaissance, à têtes d'ange.

634 — Deux corps de vases, de Clodion (Enfants vendangeurs, — Bacchanale).

635 — Vase (Chèvre-feuille).

636 — Vase antique à feuille de lierre.

637 — Vase (Cratère). Diam. 0^{m} 50.

638 — Vase (Cratère). Diam. 0^{m} 19.

639 — Vase (Cratère). Diam. 0^{m} 13.

640 — Vase (Warwick). Diam. 0^{m} 27.

641 — Vase (Warwick). Diam. 0^{m} 19.

642 — Grand Vidrecome (Sujet de bataille).

643 — Vase Renaissance, avec anse.

644 — Buire du Musée de Cluny.

645 — Buire. à deux enfants et tête de bélier.

646 — Petite Buire lacrymatoire.

647 — Singe et Diable, griffe et pied Louis XV porte-coquille.

648 — Coupe : Panthère (Hayet).

649 — Coupe (les Arts et les Sciences).

650 — Coupe Renaissance, anse à chimère.

651 — Coupe, partie et contre-partie, bas-relief avec enfant-support.

652 — Grande Coupe (Cellini) porte-cartes. Diam. 0m 35.

653 — Deux Coupes (Cellini). Diam. 0m 22 et 0m 18.

654 — Coupe Renaissance, avec figurine debout, Neptune au centre et *réduction*.

655 — Coupe plate (Vigne vierge).

656 — Coupe grecque avec médaillon.

657 — Coupe (Volubilis).

658 — Coupe (Violettes et Pensées).

659 — Coupe (Boutons d'or et Myosotis).

660 — Grande Coupe à feuillages.

661 — Grande Coupe Renaissance à huit pans.

662 — Coupe : Bacchus indien (Levillain).

663 — Coupe : Napoléon Ier (Levillain).

664 — Coupe : l'Hémicycle de Paul Delaroche (Faraoni).

665 — Grande Coupe (Taureau).

666 — Coupe (Lion).

667 — Coupe à anse cannelée.

668 — Coupe (Satyre).

669 — Coupe (Sphinx).

670 — Coupe à Masques tragiques.

671 — Coupe Louis XIII à draperie.

672 — Coupe Louis XVI (Enfant et Guirlande), partie et contre-partie.

673 — Coupe Louis XVI (Enfants arabesques).

674 — Monture Henri II, pour coupes en émail.

675 — Un lot comprenant des Coupes et Vases (Ce lot sera divisé).

JARDINIÈRES, CORBEILLES ET SURTOUTS

676 — Jardinière Louis XVI, grand bas-relief de Clodion.

677 — Jardinière Louis XVI, bas-relief (Jeux d'enfants), avec lampes accompagnant.

678 — Jardinière Louis XVI.

679 — Jardinière ovale à godrons.

680 — Jardinière ovale Renaissance, sujet de chasse, avec lampe accompagnant.

681 — Jardinière grecque, avec lampe accompagnant.

682 — Corbeille Louis XV.

683 — Corbeille Louis XVI à deux enfants et écusson.

684 — Id. (*Réduction.*)

685 — Grande Corbeille ovale Louis XVI, candélabre accompagnant.

686 — Garniture Louis XVI à enfauts, pour corbeille porcelaine.

687 — Autre Garniture Louis XVI, pour corbeille porcelaine.

688 — Autre Garniture Louis XVI.

689 — Garniture Louis XIV pour corbeille Louis XIV, avec bouquet.

690 — Grande Pièce de milieu Louis XIV, à deux enfants, porte-coupe et bouquet central (Mathurin Moreau et Mittenhoff).

691 — Monture pour service Louis XV, corbeille, assiette, etc.

692 — Autre Monture Louis XV pour service.

693 — Grande Pièce de milieu Louis XV à enfants et bouquet de lumière (Mathurin Moreau et Mittenhoff).

694 — Grand Groupe (Femmes et Enfants) pour pièce de milieu (Mathurin Moreau).

695 — Enfant assis (Lebroc), Porte-Coupe et le pendant.

696 — Id. (*Réduction.*)

697 — Porte-Cornet Louis XVI (Hayet) à deux Enfants.

698 — Plateau (Porte-coupe) à feuilles de chêne.

699 — Monture pour compotier, à quatre enfants assis.

700 — Autre Monture, à trois faunes.

701 — Sous ce numéro, qui sera divisé, Pièces diverses pour montures de porcelaines et cristaux.

MONTURES POUR VASES DE PORCELAINE

702 — Une Monture pour porcelaine pied à trois divisions, console à tête de femme.

703 — Pied à console (Tête de femme Louis XIV), pour porcelaine. Plusieurs grandeurs.

704 — Quatre Pieds triangulaires pour porcelaine.

705 — Garniture de vase, patin à tête de femme.

706 — Une Garniture Louis XIV, pour grand cornet en porcelaine : Pied à consoles (Têtes de lion), anses et collet; une Garniture Louis XIV pour grand vase, pied à consoles à perles.

707 — Une Garniture riche Louis XIV pour grand vase en porcelaine.

708 — Une Monture Louis XVI pour grand vase en porcelaine, anses à cariatides femmes.

709 — Une Monture pour grand vase forme buire, avec tête de bélier et guirlande de vigne.

710 — Une Garniture à feuille de vigne pour porcelaine.

711 — Une Garniture Louis XV pour porcelaine.

712 — Une Garniture Renaissance pour grand vase en porcelaine. Pied, anses à masque de femme, couvercle, etc.

713 — Une Garniture pour vase en porcelaine, en forme de sceau, à enfants pipeaux. Deux grandeurs.

714 — Une Garniture pour grand vase en porcelaine, anses avec enfants arabesques.

715 — Garniture pour vase en porcelaine avec plusieurs variantes.

716 — Garniture pour vase en porcelaine.

717 — Garniture Louis XV pour bol rond.

718 — Monture Louis XVI pour grand vase en porcelaine, enfant assis sur les anses.

719 — Garniture Louis XV pour grand vase en porcelaine, anse à groupes d'enfants et bouquet, avec les pièces pour faire le tout en métal.

720 — Garniture Louis XV pour vase en porcelaine.

721 — Garniture Louis XV pour vase en porcelaine, anses à chimères.

722 — Grand Vase Renaissance, anses à dragons.

723 — Un lot comprenant des Pieds et Collets pour monture de vases, corbeilles, etc., style Louis XV.

724 — Un Lot analogue en Louis XVI.

725 — Un autre Lot de divers.

(Ces trois lots seront divisés)

MEUBLES, CHEMINÉES, FONTAINES GRANDES GLACES, ETC.

725 *bis* — Petit Guéridon Louis XVI.

726 — Grand Trépied-Support Louis XVI.

727 — Une Garniture pour grande table Louis XV.

728 — Garniture de Table Renaissance, pied à chimères.

729 — Grande Table Renaissance, pied à têtes de femme.

730 — Grand Trépied, consoles à têtes d'enfant, pour monture de grande vasque.

731 — Grand Trépied Louis XVI pour monture de grande vasque.

732 — Monture Louis XVI pour grand socle rectangulaire, bois et bronze.

733 — Sous ce numéro, un lot, qui sera divisé, de Pièces diverses pour garnitures de meubles, pianos, etc.

734 — Garniture pour grande cheminée Renaissance, consoles à enfants (Piat).

735 — Deux Consoles de cheminée à bustes d'enfants *avec les réductions.*

736 — Garniture pour cheminée, consoles à bustes de femme. Deux grandeurs.

737 — Garniture pour cheminée avec vase-applique au sommet.

738 — Sous ce numéro, un lot, qui sera divisé, de Pièces diverses pour ornementation de cheminée.

739 — Grande Fontaine à figure au sommet (Piat).

740 — Grosse Tête mascaron pour fontaine.

741 — Pièces diverses pour fontaine.

742 — Glace mauresque.

743 — Grande Psyché Louis XVI, avec groupe d'enfants et lumières.

744 — Grande Pysché Louis XIV, avec enfants porte-coupe et lumières.

745 — Grand Cadre de glace Louis XV.

746 — Petite Glace Louis XVI, à grand plateau et bougies.

747 — Petite Glace Louis XVI à enfant.

748 — Un lot comprenant une grande série de Pièces de style gothique.

749 — Pièces pour ornementation d'une grande rampe d'escalier richement décorée.

750 — Un lot de Moulures ciselées riches Louis XIV, pour encadrements de grands panneaux.

751 — Une Garniture pour grande colonne corinthienne, base et chapiteau.

752 — Sous ce numéro, qui sera divisé, une série de Pièces, Chapiteaux et Bases pour ornement de colonnes et pilastres.

MODÈLES CHINOIS

753 — Grand Trépied pour support de vasque.

754 — Une grande Table chinoise.

755 — Une grande Jardinière, couvercle à marguerites.

756 — Jardinière chinoise, couvercle à dragon.

757 — Thing chinois, couvercle à chien.

758 — Grande Jardinière supportée par quatre figures.

759 — Jardinière ronde à deux anses.

760 — Petit Vase à fleurs.

761 — Cornet chinois carré.

762 — Vase à long col et deux anses.

763 — Vase aplati à deux anses.

764 — Vase chinois en forme de lampe antique.

765 — Vase à six pans et couvercle.

766 — Petite Jardinière ronde à deux anses.

767 — Petite Jardinière ovale, anses à chien.

768 — Petite Jardinière rectangulaire.

769 — Petite Jardinière à pans rectilignes.

770 — Petite Jardinière à pans curvilignes.

771 — Cornet chinois.

772 — Presse-Papier.

773 — Garniture de bambou pour jardinière.

774 — Garniture en panneaux à jour, pour jardinières et cornets, avec plaques.

775 — Garniture, anse à papillons, pour jardinières et vases.

776 — Un lot de Pièces diverses, Moulures, Pieds, Têtes d'éléphant, Lambrequins pour montures de lampes et vases.

777 — Un lot d'Animaux chinois.

778 — Petit Encrier japonais (brûle-parfums).

779 — Garniture de bureau chinois avec deux encriers, dont un à petite pendule.

780 — Garniture pour candélabre chinois.

781 — Garniture pour perdrix cloisonnées en bouts-de-table.

782 — Autre Garniture pour candélabres chinois.

783 — Garniture pour grands candélabres chinois à vase.

784 — Grand et petit Bouquet en fleurs d'arum.

785 — Modèle pour établir une suspension-jardinière avec émaux.

ENCRIERS, SONNETTES, CHRISTS ET BÉNITIERS

786 — Sonnette au page.

787 — Sonnette au page (*Réduction de la précédente et une unie*).

788 — Sonnette allemande (Enfant au tambour de basque).

789 — Porte-Carte-Chevalet.

790 — Porte-Cigares Turc.

791 — Petit Coffret, (la Toilette de Vénus).

792 — Porte-Montre mauresque.

793 — Garniture Louis XV : Encrier, Sonnette, Porte-Allumettes.

794 — Grande Garniture d'encrier, disposée pour recevoir des plaques d'émail de Limoges ou autre : Encrier, Porte-Cigares, Sonnette, Coupe-Papier, Cuillière à poudre, Porte-Allumettes.

795 — Encrier Renaissance.

796 — Encrier Louis XIV, avec disposition pour marqueterie.

797 — Bénitier à ange.

798 — Bénitiers à deux anges.

799 — Bénitiers divers.

800 — Christ, (par Girardon).

801 — Christ, par Girardon (*Première réduction*).

802 — Christ, par Girardon (*Seconde réduction*).

803 — Christ, par Girardon (*Troisième réduction*).

804 — Christ. H. 0m 32.

805 — Christ. H. 0m 25.

LUSTRES

806 — Petit Lustre Renaissance à six lumières, groupe d'enfants dans l'enfilage.

807 — Lustre Renaissance avec boule ciselée dans l'enfilage, et mascarons à 32 bougies.

808 — Lustre Renaissance, avec boîte à pans droits dans l'enfilage à quatre et six branches.

809 — Lustre Renaissance à 15 bougies, sert à faire un grand lampadaire ou une suspension de billard.

810 — Lustre Renaissance à grande boule ciselée et groupe d'enfants dans l'enfilage, 42 bougies.

811 — Grand Lustre Renaissance lampadaire à colonne et groupe de femmes dans l'enfilage.

812 — Deux Lustres pour le gaz, à six globes, style Dieterling.

813 — Petit Lustre Renaissance à chimères et enfants dans l'enfilage.

814 — Lustre Renaissance à chimères et 15 bougies.

815 — Lustre hollandais uni, à six lumières.

816 — Lustre hollandais à boule ciselée, à six lumières.

817 — Modèle servant à faire plusieurs grandeurs de lustres hollandais.

818 — Lustres hollandais, à 12 bougies.

819 — Modéle servant à établir une série de grands lustres et lampadaires hollandais, depuis 20 jusqu'à 60 bougies.

820 — Grand Lustre, genre hollandais très-riche, entièrement ciselé, à six lampes; en plus, un bras pour éclairage de galerie de tableaux allant avec le lustre.

821 — Modèle pour établir une série de lustres hollandais, et plus le bras allant avec.

822 — Une série de Pièces-Modèles, Branches Parties d'enfilages, pour établir des lustres hollandais (Ce numéro pourra être divisé).

823 — Modèle servant à faire plusieurs lustres dits à dragons et camées, depuis 30 jusqu'à 75 bougies, avec les modèles du bras correspondant.

825 — Modèle servant à établir plusieurs lustres (lustres de la grande salle de l'Hôtel-de-Ville de Paris), 60 bougies et au-dessus.

826 — Lustre Renaissance et grand Lampadaire à gaz, à 42 bougies.

827 — Lustre Louis XIII à cercle et palmettes, à 24 bougies.

828 — Modèle servant à établir une série de grands Lustres Renaissance, avec ou sans cristaux, depuis 40 jusqu'à 180 bougies.

829 — Lustre Renaissance à 28 bougies, et cristaux.

830 — Grand Lustre Renaïssance.

831 — Grand Lustre Renaissance à enfants arabesques, de 175 bougies, avec cristaux.

832 — Lustre Renaissance à enfants arabesques de 30 bougies, et cristaux.

833 — Lustre Renaissance à chimères, et 36 bougies.

834 — Lustre Renaissance à 15 bougies.

835 — Lustre Henri II, disposé pour le gaz.

836 — Petit Lustre ancien Louis XIV, à 6 bougies.

837 — Lustre Louis XIV à branches ornées, genre ancien pour cristaux.

838 — Lustre Louis XIV, genre ancien, à cristaux et 18 bougies.

839 — Grand Lustre Louis XIV à figures cariadides, entièrement ciselé, à bougies, avec pièces pour en faire une réduction.

840 — Grand Lustre Louis XIV à 60 bougies.

841 — Grand Lustre Louis XIV à 64 bougies et cristaux.

842 — Grand Lustre Louis XIV à masques de femme, sur les branches 35 bougies et au-dessus, et cristaux. Ce modèle comprend les pièces pour plusieurs grandeurs et une série de pièces spéciales pour sa disposition au gaz.

843 — Grand Lustre Louis XIV à bustes cariatides et enfants arabesques, à 66 bougies et cristaux.

844 — Modèle Louis XIV fondu sur bois ancien, servant à faire plusieurs lustres à cariatides et figure ailée, depuis 20 jusqu'à 48 bougies. En plus une variante des cariatides et pièces spéciales pour faire un grand lampadaire et un bras assorti.

845 — Lustre Louis XIV, genre ancien, à cristaux.

846 — Petit Lustre Louis XIV à têtes de femme et 18 bougies.

846 *bis* — Une série de pièces pour établir des grands lustres Louis XIV, comme ceux de la salle de Versailles.

847 — Grand Lustre Louis XIV à bougies-lampes et cristaux.

848 — Un lot comprenant une série de Pièces-Branches-Enfilages, etc., pour établir des lustres Louis XIV dits à rinceaux unis et cristaux. Ce numéro sera divisé.

849 — Modèle Louis XV rocaille servant à faire une série de lustres, depuis 15 jusqu'à 75 bougies.

850 — Lustre Louis XV rocaille avec enfants, à 42 bougies.

851 — Petit Lustre Louis XV à trois consoles avec figure au centre, à 18 et 24 bougies.

852 — Lustre Louis XV à trois enfants et trois écussons, à 45 bougies.

853 — Id. (*Réduction du précédent*).

854 — Lustre Louis XV à branches de laurier à 40, et 50 bougies.

855 — Lustre rocaille à cinq rinceaux et 30 bougies.

857 — Grand Lustre Louis XV à dragons et tête de femme, à 90 bougies.

857 — Grand Lustre Louis XV avec enfants, à 90 bougies et cristaux.

858 — Grand Lustre Louis XV, à 70 bougies et cristaux.

859 — Autre Lustre Louis XV, à 50 bougies et cristaux.

851 — Grand Lustre Louis XV à têtes de femme, 54 bougies et cristaux (*Réduction du précédent*).

852 — Lustre Louis XV Régence et masque de femme, 30 bougies et cristaux.

853 — Petit Lustre Louis XVI à enfants, à queue de poisson et 16 bougies.

854 — Lustre Louis XVI à vase dans l'enfilage et enfants, à 42 bougies.

855 — Petit Lustre Louis XVI à quatre rinceaux à chutes de laurier, 24 bougies.

856 — Lustre Louis XVI à branches de laurier, 20 bougies.

857 — Deux Modèles réunis de Lustre Louis XVI, l'un avec vase à épi dans l'enfilage, l'autre à grandes branches de laurier, 25 bougies. En plus, pièces spéciales pour son adaptation au gaz.

858 — Grand Lustre Louis XVI à têtes de bélier, 60 bougies.

859 — Lustre Louis XVI à médaillons et enfants pipeaux à 28 et 32 bougies. En plus, pièces pour en faire une augmentation et le transformer en suspension.

860 — Lustre Louis XVI, vase à draperie dans l'enfilage, 30 et 36 bougies.

861 — Grand Lustre Louis XVI à enfants arabesques à 60 bougies. En plus. des pièces pour le transformer en grand lampadaire.

862 — Grand Lustre Louis XVI à cariatides, se fait de plusieurs grandeurs, depuis 44 jusqu'à 60 bougies, éléments du bras correspondant.

863 — Grand Lustre à branches de laurier, se fait de plusieurs grandeurs.

864 — Lustre Louis XVI à branches de laurier, 30 bougies.

865 — Petit Lustre Louis XIII.

866 — Petit Lustre Louis XIII.

867 — Lustre Louis XIII, avec feuilles de laurier.

868 — Grand Lustre Louis XIII, à 54 bougies.

869 — Lustre grec à têtes de femme et 24 bougies, plus un bras disposé pour le lustre.

870 — Petit Lustre de cabinet à 6 lumières, avec figure de femme.

871 — Lustre grec, pavillon, à palmettes.

872 — Petit Lustre grec à dix palmettes.

873 — Un Lustre, style mauresque, à 4 lampes et 16 bougies.

874 — Plusieurs Modèles de lustres mauresques à lobes, destinés à recevoir des émaux.

875 — Petit Lustre-Suspension style turc, avec émaux et moutures pour verreries.

876 — Grand Lustre mauresque, style de l'Alhambra, à 60 bougies. En plus, un bras disposé pour l'accompagner.

877 — Petit Lustre mauresque à huit verrines, et bras disposé pour l'accompagner.

878 — Grand Lustre-Lampadaire à enfants arabesques, et six globes à gaz pour grand escalier.

879 — Grand Lampadaire à plusieurs lampes.

880 — Lustre-Lampadaire Louis XIII à 3 lampes.

881 — Lustre Henri II disposé pour le gaz, avec pièces pour transformation en suspension, et appareil à lyre.

882 — Grand Lampadaire à 4 ou 5 lampes Renaissance, rinceaux à têtes d'enfants et guirlandes de fruits.

883 — Un lot, pouvant être divisé, de Fragments de modèles propres à la lustrerie.

SUSPENSIONS DE SALLE A MANGER

884 — Suspension style grec, à 5 lampes et 24 bougies.

885 — Suspension grecque, à 1 lampe et 10 bougies.

886 — Petite Suspension grecque, à 1 lampe.

887 — Suspension grecque à têtes de femme, à une ou plusieurs lampes et bougies.

888 — Suspension grecque à camées, à 1 lampe et 16 bougies.

889 — Suspension style Renaissance, à 1 ou 5 lampes et 16 bougies et au-dessus. En plus, une série de pièces pour la disposer au gaz.

890 — Suspension Louis XIII, à 1 lampe et 16 bougies. En plus, une série de pièces pour diverses modifications.

891 — Grande Suspension Louis XIII, à 5 lampes et bougies.

892 — Suspension Renaissance, à 1 lampe et 18 bougies, plus une applique de bras allant avec.

893 — Suspension Louis XIII, avec lampe en métal et faïence, et bougies.

894 — Suspension Louis XIII, dite lampe à vase.

895 — Suspension Renaissance, réflecteur à lobes.

896 — Grande Suspension Louis XIV, à 1 ou plusieurs lampes et 18 ou 32 bougies, à dôme en lambrequin et têtes de lion.

897 — Grande Suspension Louis XIV, à 1 ou plusieurs lampes de 18 à 32 bougies, dôme à écailles et têtes d'enfant.

898 — Suspension Louis XIV à ceinture mouvementée, à 1 lampe et 18 bougies.

899 — Suspension Louis XIV à dôme et arcades, 1 lampe et 18 ou 32 bougies.

900 — Suspension Louis XIV à quatre enfants arabesques, 1 lampe et 44 bougies.

901 — Suspension Louis XIII en cuivre à jour, exécutée spécialement pour le gaz, 1 lampe et 16 bougies, avec pièces pour modifications.

SUSPENSIONS DE BILLARD

902 — Suspension de billard, genre flamand.

903 — Suspension de billard Renaissance.

904 — Suspension de billard Renaissance.

905 — Suspension de billard Renaissance.

906 — Suspension de billard Renaissance.

907 — Suspension de billard Louis XIV.

908 — Suspension de billard Louis XV.

SUSPENSIONS DE CABINET

909 — Suspension Louis XIV à trois têtes d'enfant et à une lampe centrale seule ou avec bougies.

910 — Suspension Louis XIII à une lampe centrale seule ou avec bougies, plus une série de pièces pour diverses modifications et le gaz.

911 — Petite Suspension-Veilleuse Louis XVI à enfants cymbaliers, avec ou sans bougies.

912 — Suspension de vestibule, style grec, à quatre globes.

913 — Lyre à chimères Renaissance, pour globe à gaz.

914 — Suspension à vasque, jardinière centrale et enfants arabesques. En plus, les moutures pour la vasque centrale en jardinière simple.

915 — Modèle de Suspension Louis XVI à lampe centrale, modifications pour addition de cariatides et bougies.

BRAS-APPLIQUES

916 — Bras Renaissance (Enfant arabesque).

917 — Bras-Porte-Lampe à grande applique.

918 — Bras Porte-Lampe.

919 — Deux Bras Porte-Lampe.

920 — Bras Renaissance (Enfant arabesque).

921 — Grand Bras Renaissance à lampe, forme antique.

922 — Grand Bras (Enfant arabesque).

923 — Grand Bras Renaissance.

924 — Bras Renaissance.

925 — Bras disposé pour entourer une colonne.

926 — Bras à grand enfant arabesque et quatre globes.

927 — Bras Louis XIII pour gaz.

928 — Bras Louis XIII à potence grecque pour gaz.

929 — Grand Bras Louis XIII à quatre globes, applique à draperie.

930 — Bras à gaz (Tête de femme).

931 — Id. (*Réduction*).

932 — Petit Bras Renaissance à chimère.

933 — Bras Louis XIV à riche applique, trois ou cinq lumières en deux grandeurs. En plus, des pièces pour modifications.

934 — Bras à trois bougies, applique à tête de femme.

935 — Petit Bras Louis XIV ancien à enfant, partie et contre-partie.

936 — Bras Louis XIV à trois globes, tête de lion au centre de l'applique.

937 — Bras Louis XIV à bougies et cristaux.

938 — Bras enfant arabesque, plus des pièces disposées pour applique d'angle.

939 — Bras rocaille ancien à quatre lumières.

940 — Petit Bras rocaille à trois lumières.

341 — Bras rocaille ancien, à trois lumières, partie et contre-partie.

942 — Bras Louis XV à 8 bougies, riche applique.

743 — Bras Louis XV, à 3 bougies, partie et contre-partie.

944 — Petit Bras rocaille à deux lumières, partie et contre-partie.

945 — Grand Bras Louis XV à 3 bougies.

946 — Bras Louis XV à 6 bougies.

947 — Bras Louis XV à 7 bougies.

948 — Grand Bras Louis XV à figures, gaînes, homme et femme.

949 — Grand Bras rocaille à 5 bougies.

950 — Bras Louis XV (Enfant cymbalier), 8 bougies.

951 — Bras Louis XV à 6 bougies, tête d'enfant au centre de l'applique.

952 — Une paire de petits Bras Louis XV, pour meuble.

953 — Bras ancien Louis XVI, à deux lumières.

954 — Bras Louis XVI à tête de bélier, trois lumières.

955 — Bras Louis XVI, applique à tête de lion, trois lumières.

956 — Bras Louis XVI avec vase portant les lumières.

957 — Bras Louis XVI à carquois.

958 — Id. (*Réduction*).

959 — Bras Louis XVI avec enfant à 3 bougies.

960 — Bras Louis XVI, modèle ancien.

961 — Bras Louis XVI, applique à vase, tête de femme au milieu de l'applique, modèle ancien, avec pièces pour réduction.

953 — Bras Louis XVI à vase et 'guirlande, à deux lumières.

964 — Grand Bras Louis XVI à cariatides et branches de laurier.

965 — Grand Bras Louis XVI à lis et pavots.

966 — Bras Louis XVI (Cors de chasse).

967 — Grand Bras Louis XVI à quatre globes, pour escalier.

968 — Petit Bras Louis XVI à trois lumières.

969 — Bras Louis XVI à guirlande de laurier, deux lumières.

970 — Bras Louis XVI à chûte de laurier, deux lumières.

971 — Bras Louis XVI, applique cannelée, deux lumières.

972 — Petit Bras à nœud de ruban, deux lumières.

973 — Petit Bras potence mauresque.

974 — Bras rocaille à trois lumières et augmentation.

975 — Bras à quatorze lumières.

976 — Bras (Enfant arabesque).

977 — Bras pour gaz, 2 bougies.

978 — Bras riche, à gaz Louis XVI.

979 — Petit Bras Louis XVI, avec applique à oiseaux.

980 — Sous ce numéro, qui sera divisé, branches-appliquées pour bras.

LANTERNES

981 — Grande Lanterne Louis XIV à six consoles (Têtes de femme), panneaux cintrées.

982 — Lanterne Louis XVI, avec appliques à médaillons et guirlandes. Première grandeur. H. 1m 50.

983 — Id. (*Réduction de la précédente*). H. 1m.

984 — Lanterne Louis XVI à guirlandes de perles. H. 1m 40.

985 — Lanterne globe ovoïde Louis XVI. H. 0m 95.

986 — Grande Lanterne Louis XIII. H. 1m 80.

987 — Grande Lanterne Louis XIII, consoles à têtes de femme, avec appliques à jour, 5 divisions. H. 1m 50, plus une série ne pièces pour établir la réduction de la précédente, à 4 divisions. H. 1m 20.

989 — Lanterne Louis XIII à quatre divisions et appliques à jour. H. 1m 10.

990 — Lanterne Renaissance à pans et dôme à jour avec pièces spéciales pour l'enfilage.

991 — Lanterne conique avec appliques à jour et potence disposée pour elle.

992 — Lanterne Louis XIII à six pans.

993 — Globe sphérique à gaz.

994 — Pièces pour montures d'un grand globe sphérique, pour pilastres de grille d'entrée.

TORCHÈRES

995 — Grande Torchère Renaissance, pied à trois chimères avec bouquet.

996 — Grande Torchère Renaissance à trois chimères et bouquet.

997 — Torchère balustre pour départ de rampe.

998 — Torchère grecque, pied à griffes, colonne à feuille de lierre.

999 — Id. (*Réduction de la précédente.*)

1000 — Torchère à trois lions héraldiques, pour porte-lampe ou bouquet de lumières (Piat).

1001 — Torchère Renaissance, pied à griffes, vase à tête d'enfant, pour porte-globe ou porte-bouquet.

1002 — Torchère à deux enfants arabesques, pour être placée dans la course d'une rampe.

1003 — Torchère disposée pour une niche d'escalier.

1004 — Petite Torchère Louis XIII à un globe.

1005 — Petite Torchère Louis XIII à colonne gravée.

1006 — Grande Torchère, genre flamand.

1007 — Torchère Louis XIII, vase à godron.

1008 — Id. (*Réduction de la précédente.*)

1010 — Grande Torchère riche Louis XIV.

1011 — Torchère Louis XIV disposée en porte-lampe ou porte-bouquet (Piat).

1012 — Torchère porte-globe Louis XVI.

1013 — Grande et riche Torchère Louis XIII, à trois consoles et bouquet.

1014 — Grande Torchère Louis XV, pour monture de grand vase, pied, bouquet, etc.

1015 — Grande Torchère : Enfant assis (Lebroc), sur un pied à consoles et cartouches, et portant une vasque et un bouquet.

1016 — Grande Torchère (Enfant debout), avec le pendant (Auguste Moreau) portant un bouquet.

1017 — Grande Torchère à groupe de deux enfants (Mme Berthault), avec le pendant (Bouquet palmier) à quatre globes.

1018 — Grande Torchère, groupe de trois enfants, gaîne, sur pied à consoles et médaillons, et bouquet.

1019 — Torchère (Figure de femme Louis XVI), avec bouquet à quatre globes.

1020 — Torchère : Figure d'homme (Mathurin Moreau) et sa *réduction.*

1021 — Torchère (Figure de femme), *pendant du précédent* (Mathurin Moreau), et sa *réduction.*

1022 — Torchère : grande Figure de femme (plâtre inédit de Lebroc).

1023 — Cariatide, partie et contre-partie, à gaz (Salmson), avec les réductions et pièces pour modifications de l'éclairage.

1024 — Grande Torchère à bouquet palmier, groupes d'enfants de Clodion, pied à consoles et cartouches.

1025 — Grande Torchère : Enfant (Feuchère), bouquet palmier, groupes d'Enfants de Bouchardon, pour torchères.

1026 — Sous ce numéro, qui pourra être divisé, Pièces diverses pour torchères.

PIÈCES DIVERSES

NUES ET CISELÉES

1027 — Animaux et Oiseaux. — Mascarons et Masques. — Chimères. — Bas-Reliefs. — Guirlandes, Rubans. — Écussons, Médaillons et Cartouches. — Boutons, Graines et Rosaces. — Moulures unies et ciselées. — Gorges et grandes Pièces de tournure unies. — Gorges et grandes Pièces ciselées. — Tores de lauriers et autres. — Patins. — Binets, Bassins, Bobèches. — Consoles. — Feuilles pour divers. — Cercles de lunettes et Cadrans. — Pièces diverses pour le gaz, Noix, Robinets, Clefs, etc.

(*Ce lot sera divisé.*)

MODÈLES EN PLATRE

NON ÉDITÉS

Matériel, Outillage et Mobilier industriel

Vve Renou, Maulde et Cock, impr de la Compagnie des Commissaires-Priseurs, rue de Rivoli, 144 98795

www.ingramcontent.com/pod-product-compliance
Ingram Content Group UK Ltd.
Pitfield, Milton Keynes, MK11 3LW, UK
UKHW021637260726
13994UKWH00003B/1209

9 782329 515670